AF219152

Impressum
Verlag: BABADADA GmbH, Nedderfeld 112 , 22529 Hamburg
Geschäftsführer / Verlagsleitung: Harald Hof
Druck: Books on Demand GmbH, In de Tarpen 42, 22848 Norderstedt

Imprint
Publisher: BABADADA GmbH, Nedderfeld 112 , 22529 Hamburg, Germany
Managing Director / Publishing direction: Harald Hof
Print: Books on Demand GmbH, In de Tarpen 42, 22848 Norderstedt

school

sekolah

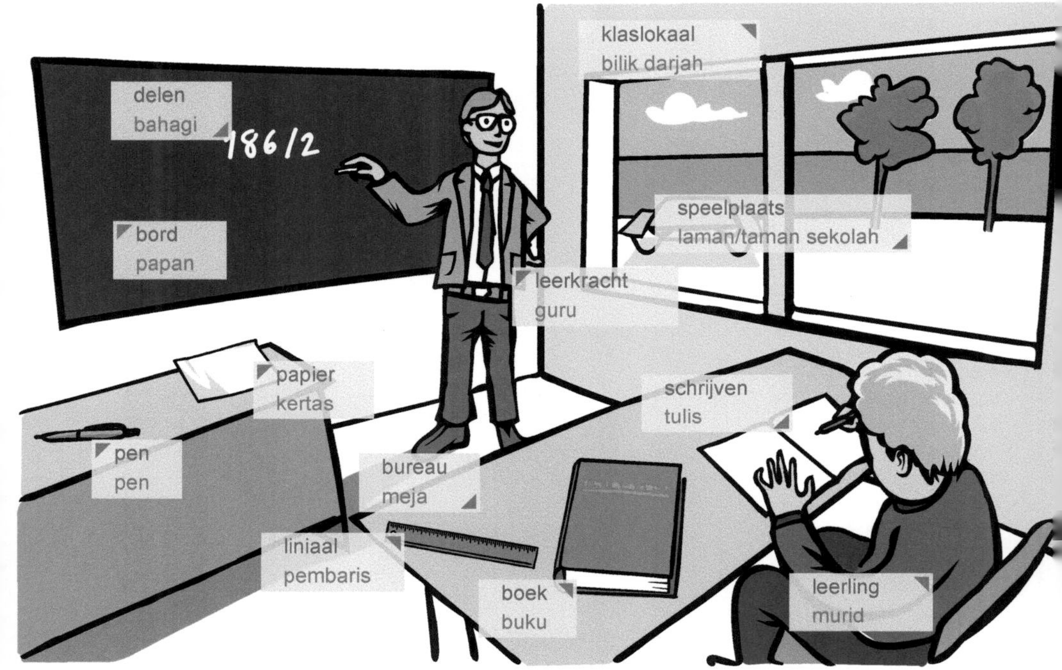
klaslokaal
bilik darjah
delen
bahagi
186/2
bord
papan
speelplaats
laman/taman sekolah
leerkracht
guru
papier
kertas
schrijven
tulis
pen
pen
bureau
meja
liniaal
pembaris
boek
buku
leerling
murid

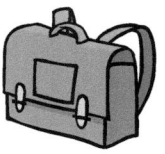

schooltas

beg galas

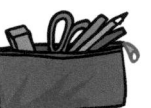

pennenzak

kotak pensel

potlood

pensel

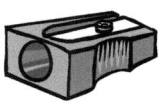

puntenslijper

pengasah pensel

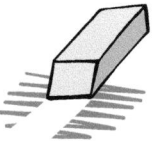

gom

pemadam

tekenblok

kertas lukisan

tekening

melukis

verfborstel

berus lukis

verfdoos

kotak warna

schaar

gunting

lijm

gam

werkboek

buku latihan

huiswerk

kerja rumah

nummer

nombor

optellen

tambah

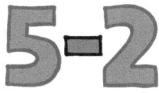

aftrekken

tolak

vermenigvuldigen

darab

rekenen

kira

letter

huruf

alfabet

abjad

woord

kata

tekst

teks

Lezen

baca

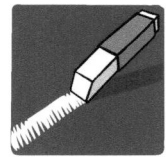

krijt

kapur

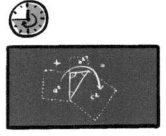

les

pelajaran

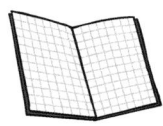

klassenboek

daftar

examen

peperiksaan

certificaat

sijil

schooluniform

uniform sekolah

onderwijs

pendidikan

encyclopedie

ensiklopedia

universiteit

universiti

microscoop

mikroskop

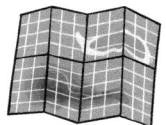

kaart

peta

papiermand

bakul sampah

hotel
hotel

Grand

jeugdherberg
asrama

ROOMS

wisselkantoor
pejabat tukaran mata wang

EXCHANGE

koffer
beg pakaian

auto
kereta

Taal
....
bahasa

ja / nee
....
ya / tidak

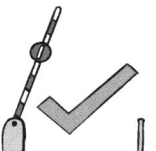

oké
....
okey

hallo
....
helo

vertaler
....
penterjemah

bedankt
....
Terima kasih

Hoeveel kost …?

berapa banyak…?

Ik begrijp het niet

saya tidak faham

probleem

masalah

Goedenavond!

Selamat petang!

Goedemorgen!

Selamat Pagi!

Goedenavond!

Selamat Malam!

Tot ziens

selamat tinggal

richting

arah

bagage

bagasi

zak

beg

rugzak

beg galas

gast

tetamu

kamer

bilik tidur

slaapzak

beg tidur

tent

khemah

toeristeninformatie

maklumat pelancong

strand

pantai

kredietkaart

kad kredit

ontbijt

sarapan

lunch

makan tengah hari

avondeten

makan malam

ticket

tiket

lift

lif

postzegel

setem

grens

sempadan

douane

kastam

ambassade

kedutaan

visum

visa

paspoort

pasport

transport
pengangkutan

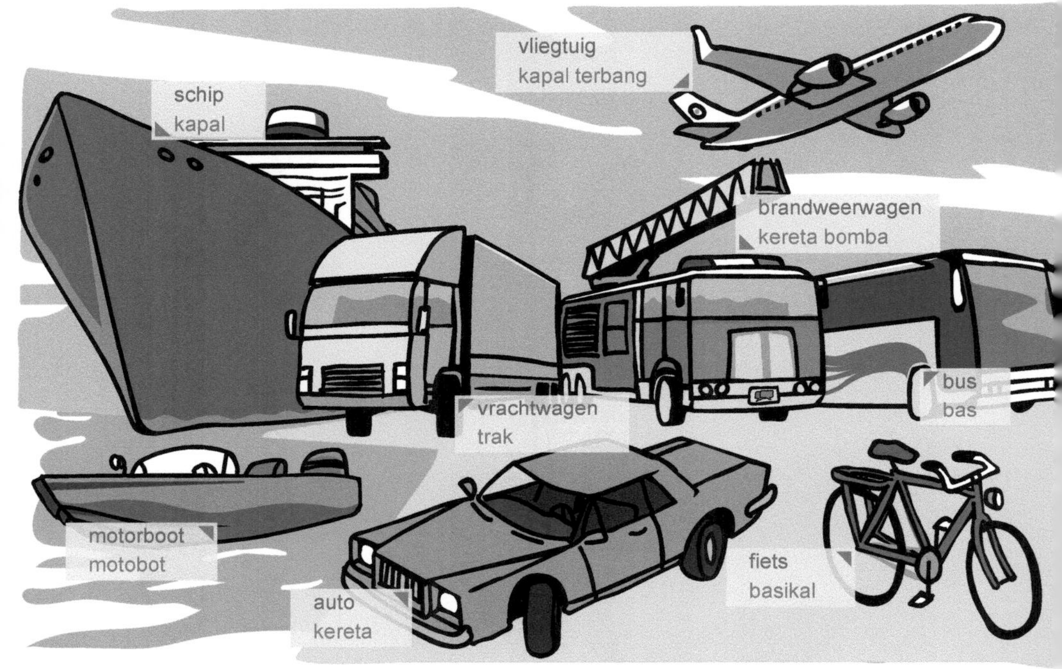

vliegtuig
kapal terbang
schip
kapal
brandweerwagen
kereta bomba
bus
bas
vrachtwagen
trak
motorboot
motobot
fiets
basikal
auto
kereta

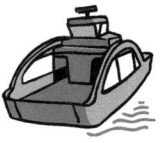

veerboot
feri

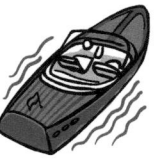

boot
bot

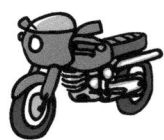

motor
motosikal

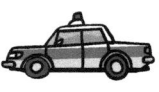

politiewagen
kereta polis

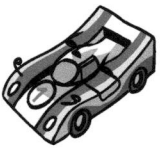

racewagen
kereta lumba

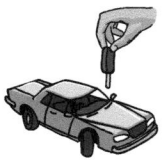

huurauto
kereta sewa

carpoolen

berkongsi kereta

sleepwagen

trak tunda

vuilniswagen

trak menolak

motor

motor

benzine

bahan api

benzinestation

stesen minyak

verkeersbord

tanda trafik

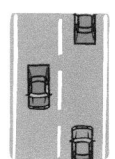

verkeer

trafik

file

kesesakan lalu lintas

parkeerplaats

tempat parkir

station

stesen kereta api

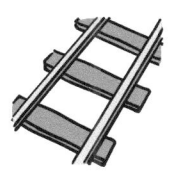

sporen

trek

trein

kereta api

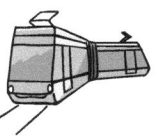

tram

trem

wagon

gerabak

helikopter
helikopter

luchthaven
lapangan terbang

toren
Menara

passagier
penumpang

container
bekas

karton
kadbod

kar
kart

mand
bakul

opstijgen / landen
berlepas / mendarat

stad
bandar

dorp
kampung

stadscentrum
pusat bandar

huis
rumah

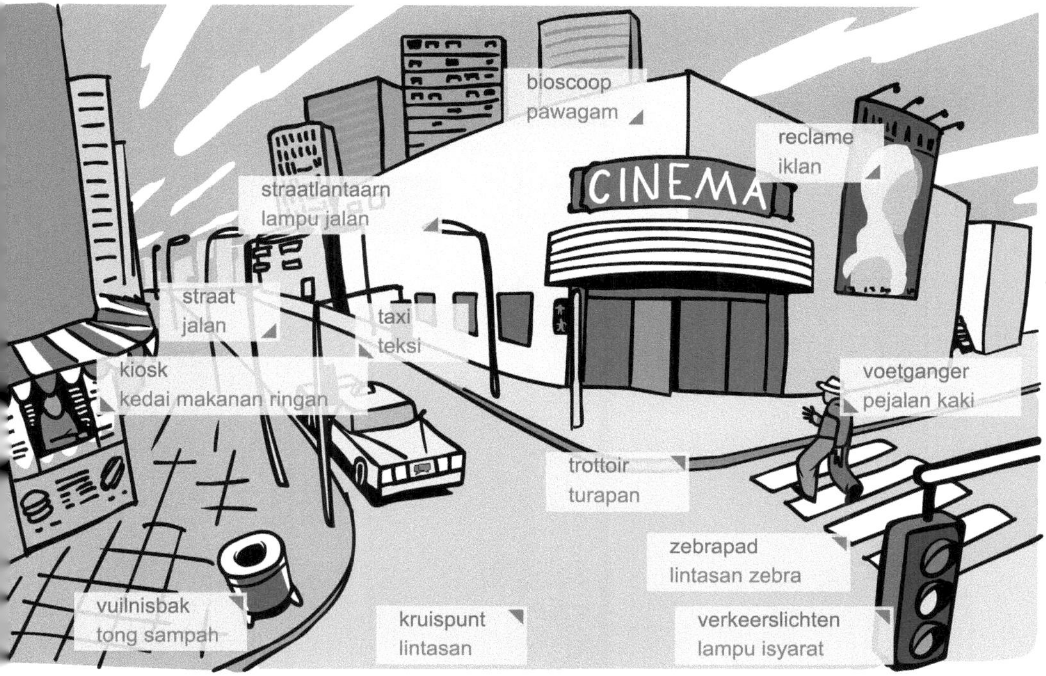

bioscoop
pawagam

reclame
iklan

straatlantaarn
lampu jalan

CINEMA

straat
jalan

taxi
teksi

kiosk
kedai makanan ringan

voetganger
pejalan kaki

trottoir
turapan

zebrapad
lintasan zebra

vuilnisbak
tong sampah

kruispunt
lintasan

verkeerslichten
lampu isyarat

hut
pondok

woning
flat

station
stesen kereta api

stadshuis
dewan bandar

museum
muzium

school
sekolah

universiteit

universiti

bank

bank

ziekenhuis

hospital

hotel

hotel

apotheek

farmasi

kantoor

pejabat

boekwinkel

kedai buku

winkel

kedai

bloemenwinkel

kedai bunga

supermarkt

pasar raya

markt

pasaran

warenhuis

gedung

vishandelaar

penjual ikan

winkelcentrum

pusat membeli-belah

haven

pelabuhan

park
taman

bank
bangku

brug
jambatan

trap
tangga

metro
bawah tanah

tunnel
terowong

bushalte
hentian bas

bar
bar

restaurant
restoran

brievenbus
peti surat

straatnaambord
papan tanda jalan

parkeermeter
meter parkir

zoo
zoo

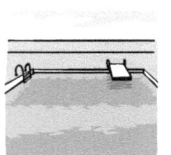

zwembad
kolam renang

moskee
masjid

boerderij
....
ladang

milieuverontreiniging
....
pencemaran

kerkhof
....
tanah perkuburan

kerk
....
gereja

speelplaats
....
taman permainan

tempel
....
kuil

landschap
landskap

blad
daun

wegwijzer
tiang tanda

weg
jalan

weide
padang rumput

steen
batu

wandelaar
pejalan kaki

boom
pokok

rivier
sungai

gras
rumput

bloem
bunga

vallei

lembah

heuvel

bukit

meer

tasik

bos

hutan

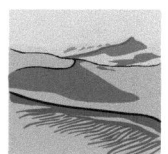

woestijn

padang pasir

vulkaan

gunung berapi

kasteel

istana

regenboog

pelangi

paddenstoel

cendawan

palmboom

pokok kelapa sawit

mug

nyamuk

vlieg

terbang

mier

semut

bijl

lebah

spin

labah-labah

kever
....
kumbang

kikker
....
katak

eekhoorn
....
tupai

egel
....
landak

haas
....
arnab

uil
....
burung hantu

vogel
....
burung

zwaan
....
angsa

wild zwijn
....
babi jantan

hert
....
rusa

eland
....
moose

dam
....
empangan

windturbine
....
turbin angin

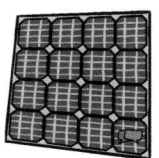

zonnepaneel
....
panel solar

klimaat
....
iklim

restaurant
restoran

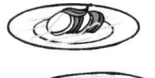

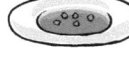

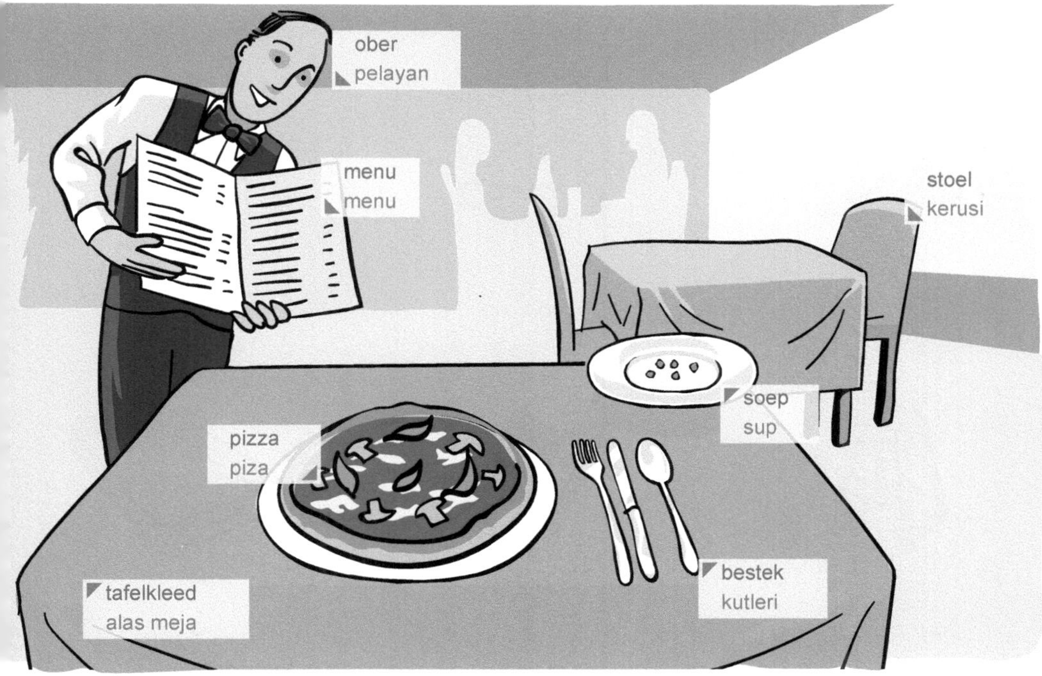
ober
pelayan
menu
menu
stoel
kerusi
soep
sup
pizza
piza
bestek
kutleri
tafelkleed
alas meja

voorgerecht
pemula

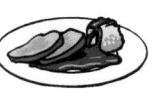

hoofdgerecht
hidangan utama

nagerecht
pencuci mulut

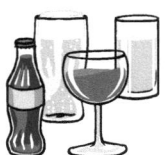

drankjes
minuman

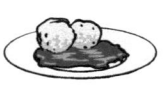

eten
makanan

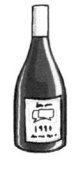

fles
botol

fastfood
....
makanan segera

street food
....
makanan jalanan

theepot
....
teko

suikerpot
....
mangkuk gula

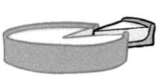

portie
....
bahagian

espressomachine
....
mesin espreso

kinderstoel
....
kerusi tinggi

rekening
....
bil

dienblad
....
dulang

mes
....
pisau

vork
....
garfu

lepel
....
sudu

theelepel
....
sudu teh

serviette
....
serviette

glas
....
gelas

restaurant - restoran

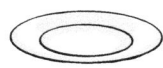

bord
pinggan

soepbord
mangkuk sup

schoteltje
piring

saus
sos

zoutvatje
tempat garam

pepermolen
pengisar lada

azijn
cuka

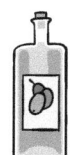

olie
minyak

kruiden
rempah

ketchup
sos

mosterd
mustard

mayonaise
mayones

supermarkt
pasar raya

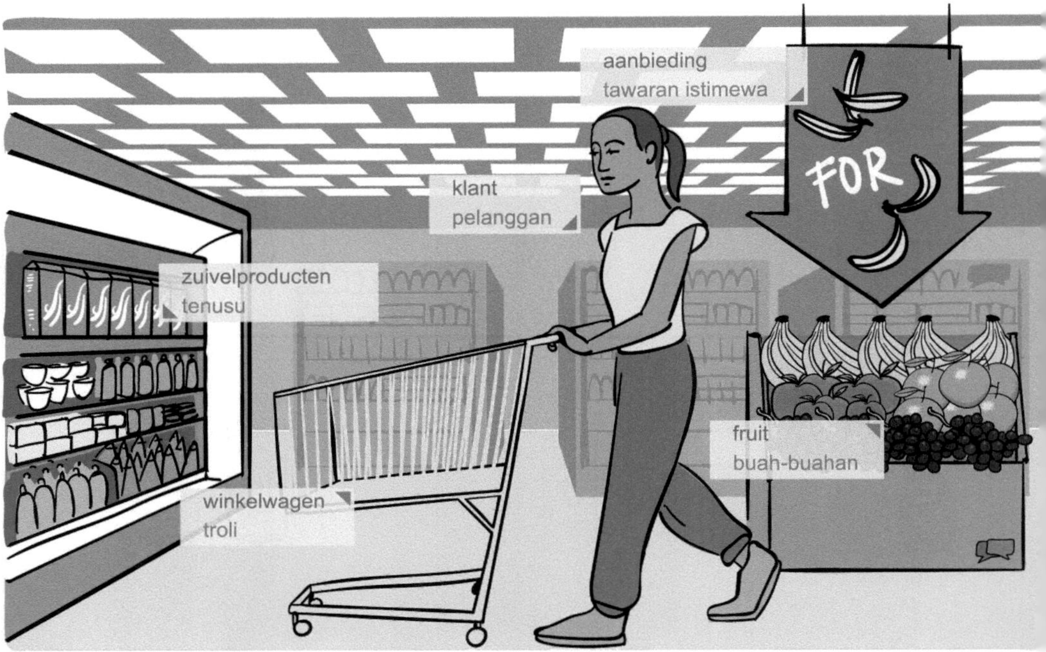

aanbieding
tawaran istimewa

klant
pelanggan

zuivelproducten
tenusu

winkelwagen
troli

fruit
buah-buahan

slagerij

tukang daging

bakkerij

kedai roti

wegen

berat

groenten

sayur-sayuran

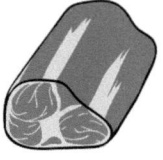

vlees

daging

diepvriesvoedsel

makanan sejuk beku

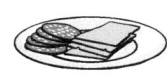

charcuterie

daging sejuk

conserven

makanan dalam tin

waspoeder

serbuk pencuci

snoep

gula-gula

huishoudproducten

produk isi rumah

schoonmaakproducten

produk pembersihan

verkoopster

orang jualan

kassa

daftar tunai

kassier

juruwang

boodschappenlijstje

senarai membeli-belah

openingstijden

waktu pembukaan

portefeuille

beg duit

kredietkaart

kad kredit

tas

beg

plastieken zakje

beg plastik

water
....
air

sap
....
jus

melk
....
susu

cola
....
kola

wijn
....
wain

bier
....
bir

alcohol
....
alkohol

cacao
....
koko

thee
....
the

koffie
....
kopi

espresso
....
espreso

cappuccino
....
kapucino

banaan

pisang

appel

epal

sinaasappel

oren

meloen

tembikai

citroen

lemon

wortel

lobak merah

knoflook

bawang putih

bamboe

buluh

ajuin

bawang

champignon

cendawan

noten

kacang

noodles

mi

spaghetti

spageti

rijst

nasi

salade

salad

frieten

kerepek

gebakken aardappelen

kentang goreng

pizza

piza

hamburger

hamburger

sandwich

sandwic

kalfslapje

kutlet

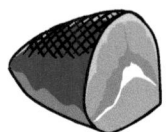

ham

ham

salami

salami

worst

sosej

kip

ayam

braden

panggang

vis

ikan

havervlokken

bubur oat

muesli

muesli

cornflakes

emping jagung

bloem

tepung

croissant

kroisan

pistolet

roti roll

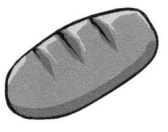

brood

roti

toast

roti bakar

koekjes

biskut

boter

mentega

kwark

dadih

taart

kek

ei

telur

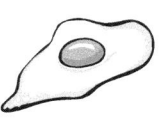

spiegelei

telur goreng

kaas

keju

ijs

ais krim

suiker

gula

honing

madu

confituur

jem

choco

krim nougat

curry

kari

boerderij
ladang

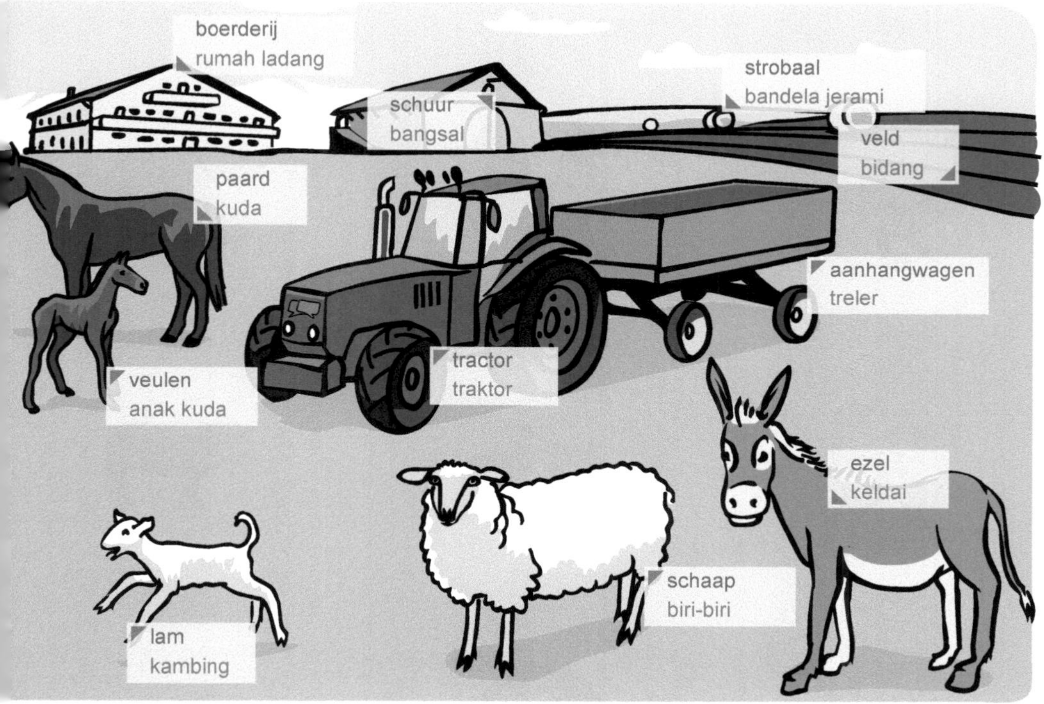
boerderij
rumah ladang
schuur
bangsal
strobaal
bandela jerami
veld
bidang
paard
kuda
aanhangwagen
treler
tractor
traktor
veulen
anak kuda
ezel
keldai
schaap
biri-biri
lam
kambing

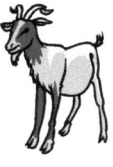

geit
kambing

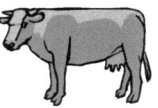

koe
lembu

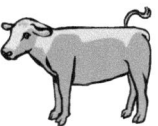

kalf
anak lembu

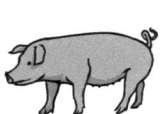

varken
babi

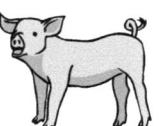

biggetje
anak babi

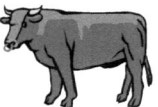

stier
lembu

gans
angsa

eend
itik

kuiken
anak ayam

kip
ayam betina

haan
ayam jantan muda

rat
tikus

kat
kucing

muis
tikus

os
lembu jantan

hond
anjing

hondenhok
rumah anjing

tuinslang
hos taman

gieter
bekas siraman

zeis
sabit

ploeg
bajak

sikkel

sabit

schoffel

cangkul

hooivork

serampang peladang

bijl

kapak

kruiwagen

kereta sorong

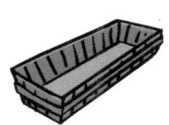

trog

palung

melkkan

tin susu

zak

karung

hek

pagar

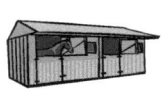

stal

stabil

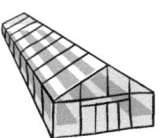

broeikas

rumah hijau

bodem

tanah

zaad

benih

mest

baja

maaidorser

jentuai

oogsten

tuai

oogst

menuai

yam

keladi

tarwe

gandum

soja

soya

aardappel

kentang

maïs

jagung

koolzaad

biji sawi

fruitboom

pokok buah-buahan

maniok

ubi kayu

graan

bijirin

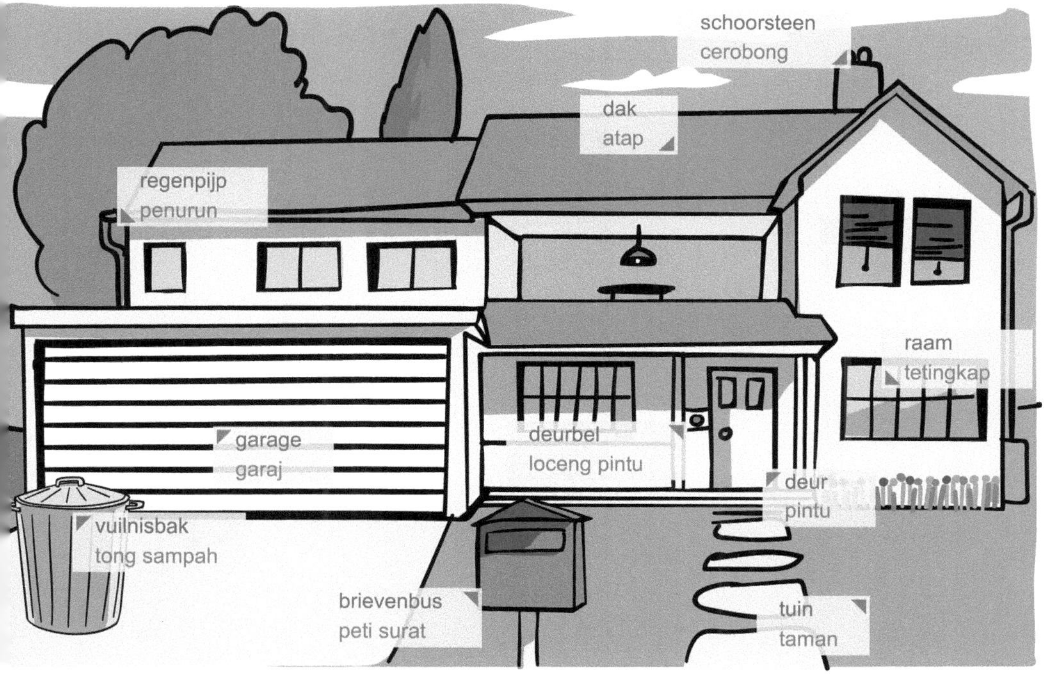

schoorsteen
cerobong

dak
atap

regenpijp
penurun

raam
tetingkap

garage
garaj

deurbel
loceng pintu

deur
pintu

vuilnisbak
tong sampah

brievenbus
peti surat

tuin
taman

woonkamer
ruang tamu

badkamer
bilik air

keuken
dapur

slaapkamer
bilik tidur

kinderkamer
bilik kanak-kanak

eetkamer
ruang makan

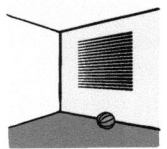

vloer

lantai

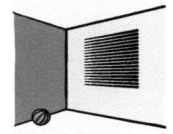

muur

dinding

plafond

siling

kelder

bilik bawah tanah

sauna

sauna

balkon

balkoni

terras

teres

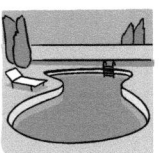

zwembad

kolam renang

grasmaaier

pemotong rumput

dekbedovertrek

lembaran

dekbed

penutup tilam

bed

katil

bezem

penyapu

emmer

timba

schakelaar

suis

woonkamer
ruang tamu

behangpapier
kertas dinding
foto
gambar
lamp
lampu
schap
rak
kast
kabinet
televisie
televisyen
open haard
pendiangan
bloem
bunga
kussen
kusyen
sofa
sofa
vaas
pasu
afstandsbediening
alat kawalan jauh

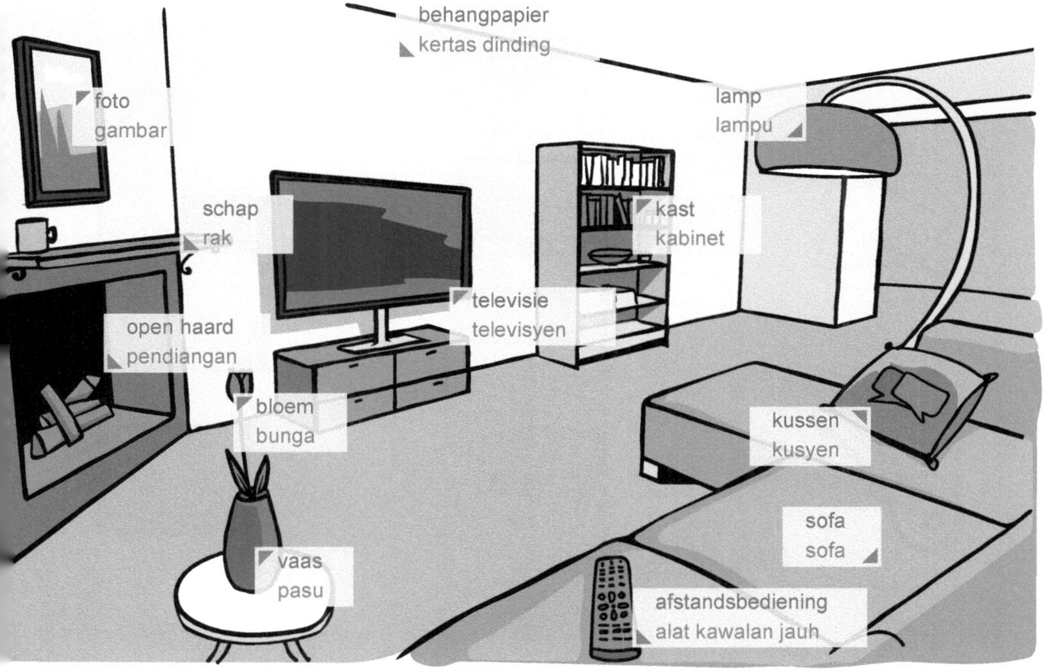

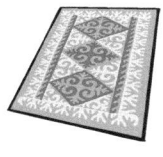

mat
permaidani

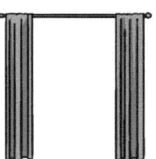

gordijn
tirai

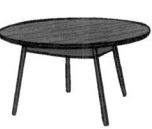

tafel
meja

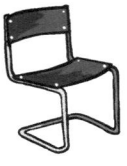

stoel
kerusi

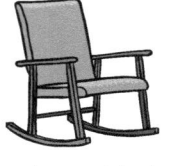

schommelstoel
kerusi malas

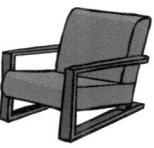

fauteuil
kerusi

boek

buku

deken

selimut

decoratie

hiasan

brandhout

kayu api

film

filem

stereo-installatie

hi-fi

sleutel

kunci

krant

akhbar

schilderij

lukisan

poster

poster

radio

radio

notitieboekje

buku catatan

stofzuiger

penyedut habuk

cactus

kaktus

kaars

lilin

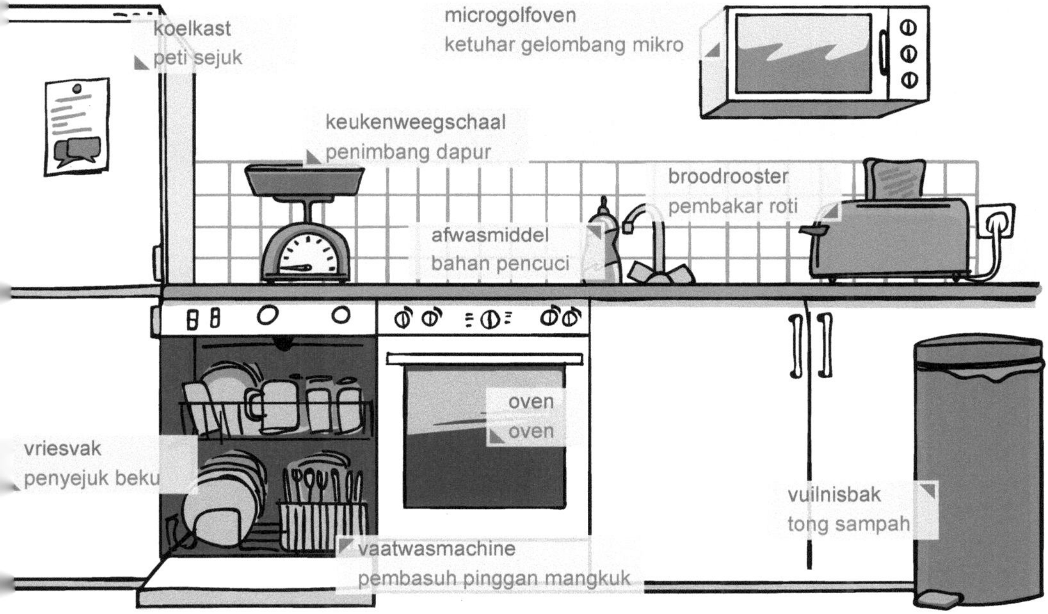

koelkast
peti sejuk

microgolfoven
ketuhar gelombang mikro

keukenweegschaal
penimbang dapur

broodrooster
pembakar roti

afwasmiddel
bahan pencuci

oven
oven

vriesvak
penyejuk beku

vuilnisbak
tong sampah

vaatwasmachine
pembasuh pinggan mangkuk

fornuis
periuk dapur

pot
periuk

gietijzeren pot
periuk besi

wok / kadai
kuali

pan
pan

waterkoker
cerek

stoomkoker

pengukus

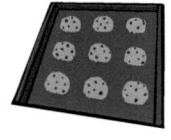

bakplaat

dulang pembakar

servies

pinggan mangkuk

mok

koleh

kom

mangkuk

eetstokjes

penyepit

pollepel

senduk

spatel

spatula

garde

pengadun

vergiet

penapis

zeef

ayak

rasp

pemarut

mortier

mortar

barbecue

barbeku

haardvuur

pembakaran terbuka

snijplank

papan pencincang

deegrol

pin golekan

kurkentrekker

skru gabus

blik

tin

blikopener

pembuka tin

pannenlap

pemegang periuk

gootsteen

sinki

borstel

berus

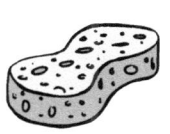

spons

span

blender

pengisar

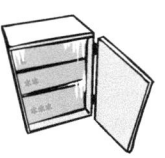

vriezer

penyejuk beku

papfles

botol bayi

kraan

paip

badkamer
bilik air

douche
mandi
verwarming
pemanasan
handdoek
tuala
douchegordijn
tirai mandi
bubbelbad
mandi buih
badkuip
tab mandi
glas
gelas
wasmachine
mesin basuh
kraan
paip
tegels
jubin
kinderpo
tandas
gootsteen
sinki

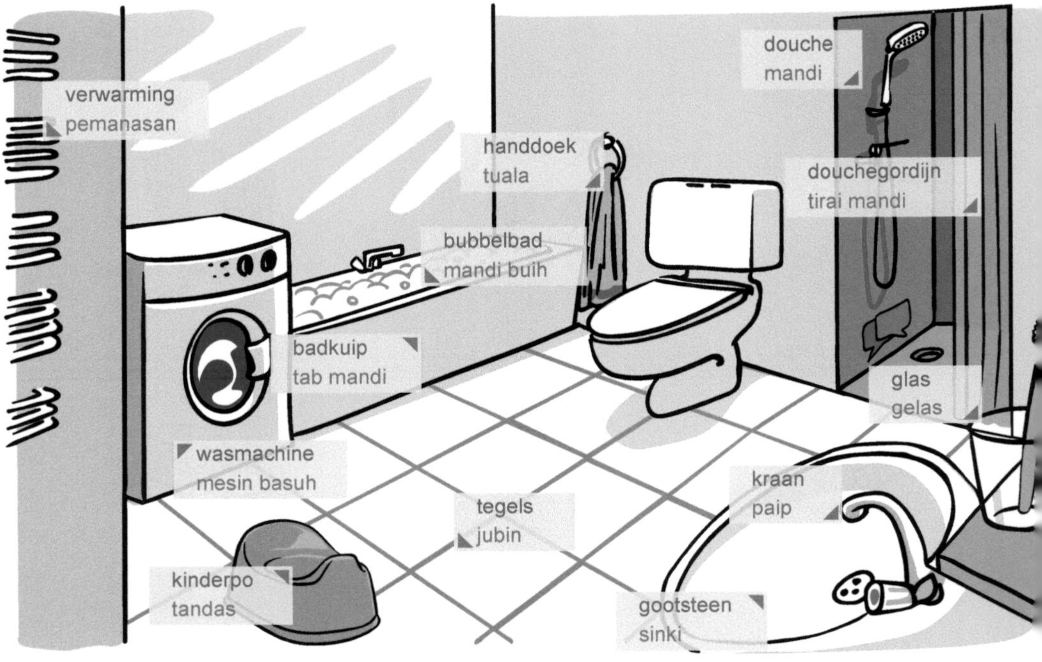

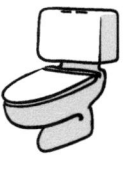

toilet

tandas

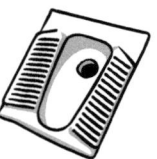

hurktoilet

tandas mencangkung

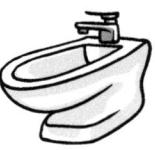

bidet

mangkuk tandas

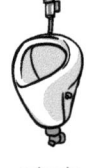

urinoir

tandas awam

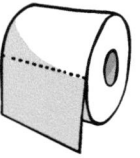

toiletpapier

kertas tandas

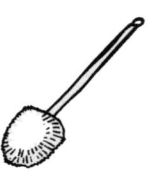

toiletborstel

berus tandas

tandenborstel

berus gigi

tandpasta

ubat gigi

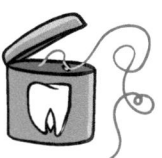

flosdraad

flos gigi

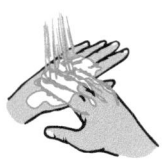

wassen

cuci

handdouche

mandian tangan

bidethanddouche

pancuran

waskom

besen

rugborstel

belakang berus

zeep

sabun

douchegel

gel mandian

shampoo

syampu

washandje

flanel

afvoer

longkang

crème

krim

deodorant

deodoran

spiegel

cermin

handspiegel

cermin tangan

scheermes

pisau cukur

scheerschuim

busa cukur

aftershave

selepas cukur

kam

sikat

borstel

berus

haardroger

pengering rambut

haarlak

semburan rambut

make-up

mekap

lippenstift

gincu

nagellak

varnis kuku

watten

bulu kapas

nagelknipper

gunting kuku

parfum

pewangi

toilettas

beg basuhan

kruk

bangku

weegschaal

skala berat

badjas

jubah mandi

latex handschoenen

sarung tangan getah

tampon

kapas

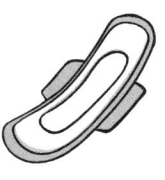

maandverband

tuala wanita

chemisch toilet

tandas kimia

kinderkamer

bilik kanak-kanak

wekker
jam loceng
knuffel
mainan kegemaran
speelgoedauto
kereta mainan
rammelaar
kerincing bayi
poppenhuis
rumah anak patung
geschenk
hadiah

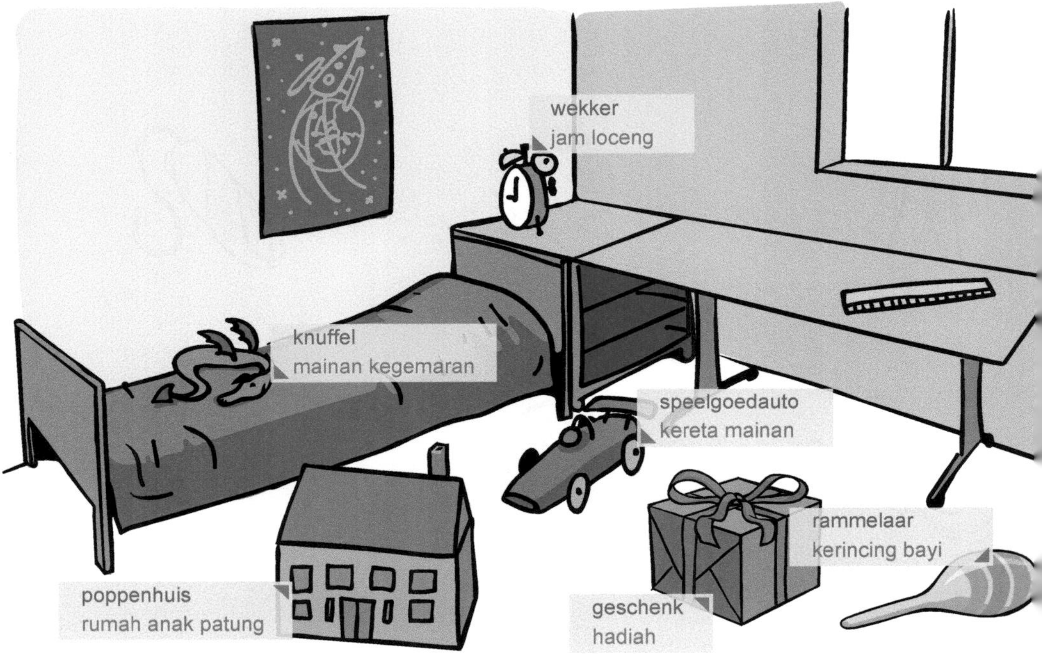

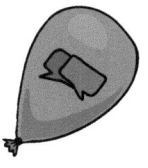

ballon

belon

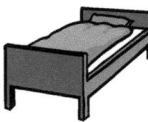

bed

katil

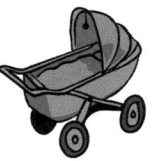

kinderwagen

kereta sorong bayi

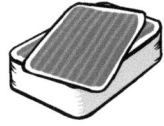

spel kaarten

set kad

puzzel

susun suai gambar

SUPER MEGA

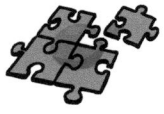

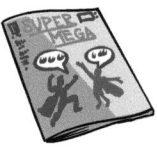

stripboek

komik

legoblokjes

batu bata lego

blokken

blok mainan

actiefiguur

figura aksi

kruippakje

baju bayi

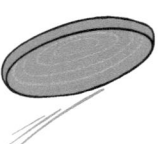

frisbee

frisbee

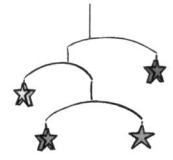

mobiel

mainan bayi mudah alih

bordspel

permainan papan

dobbelsteen

dadu

modelspoorweg

set model kereta api

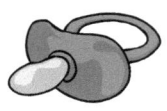

fopspeen

palsu

feest

parti

prentenboek

buku bergambar

bal

bola

pop

anak patung

spelen

main

zandbak

lubang pasir

schommel

buai

speelgoed

mainan

spelconsole

konsol permainan video

driewieler

basikal roda tiga

knuffelbeer

anak patung beruang

kleerkast

almari pakaian

kleding
pakaian

sokken

stoking

maillot

ketat

kousen

stoking

sjaal
skarf

paraplu
payung

T-shirt
kemeja-t

eselamatan

laarzen
but

slippers
selipar

sneakers
kasut sukan

sandalen
sandal

schoenen
kasut

rubberlaarzen
but getah

onderbroek
seluar dalam

beha
coli

onderhemd
ves

lichaam

badan

broek

Seluar panjang

jeans

jean

rok

skirt

blouse

blaus

hemd

kemeja

trui

baju panas sarung

capuchontrui

sweater

blazer

blazer

jas

jaket

jas

kot

regenjas

baju hujan

kostuum

kostum

jurk

pakaian

trouwjurk

baju pengantin

pak
sut

nachthemd
baju tidur

pyjama
baju tidur

sari
sari

hoofddoek
skarf kepala

tulband
serban

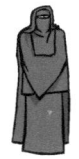

boerka
burqa

kaftan
kaftan

abaya
abaya/jubah

badpak
baju renang

zwembroek
seluar renang

short
seluar pendek

trainingspak
sut balapan

schort
apron

handschoenen
sarung tangan

knoop

butang

bril

cermin mata

armband

gelang tangan

ketting

rantai leher

ring

cincin

oorbel

subang

pet

topi

kapstok

penyangkut kot

hoed

topi

das

tali leher

rits

zip

helm

topi keledar

bretellen

pendakap

schooluniform

uniform sekolah

uniform

seragam

kleding - pakaian

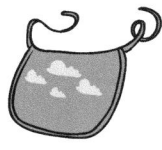

slabbetje

lapik dada

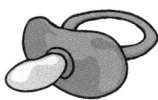

fopspeen

palsu

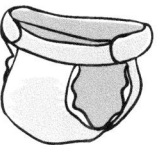

luier

lampin

kantoor

pejabat

server
pelayan
dossierkast
kabinet fail
printer
mesin pencetak
papier
kertas
monitor
monitor
bureau
meja
muis
tetikus
map
folder
toestenbord
papan kekunci
papiermand
bakul sampah
computer
komputer
stoel
kerusi

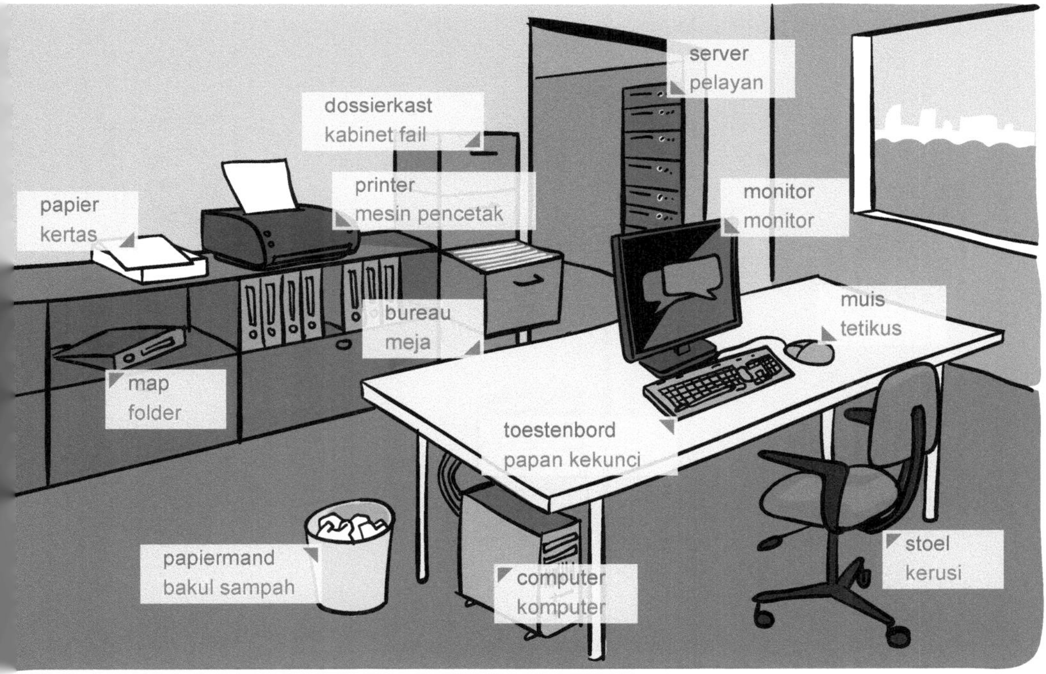

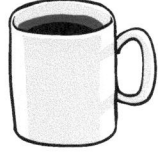

koffiemok

cawan kopi

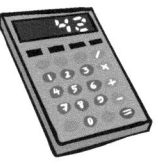

rekenmachine

kalkulator

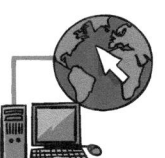

internet

internet

laptop

komputer riba

brief

surat

bericht

mesej

gsm

mudah alih

netwerk

rangkaian

kopieerapparaat

mesin fotokopi

software

perisian

telefoon

telefon

stopcontact

soket plag

fax

mesin faks

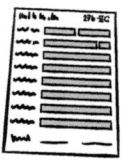

formulier

bentuk

document

dokumen

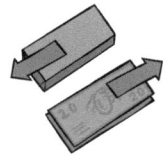

kopen

beli

betalen

bayar

handelen

berdagang

geld

wang

 **USD**

dollar

dolar

 **EUR**

euro

euro

 **JPY**

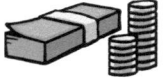

yen

yen

 **RUB**

roebel

rubel

 **CHF**

Zwitserse frank

franc swiss

 **CNY**

Chinese renminbi

renminbi yuan

 **INR**

roepie

rupee

geldautomaat

mata tunai

wisselkantoor

pejabat tukaran mata wang

goud

emas

zilver

perak

olie

minyak

energie

tenaga

prijs

harga

contract

kontrak

belasting

cukai

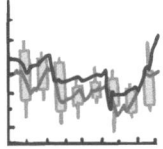

aandeel

stok

werken

kerja

werknemer

pekerja

werkgever

majikan

fabriek

kilang

winkel

kedai

economie - ekonomi

beroepen
pekerjaan

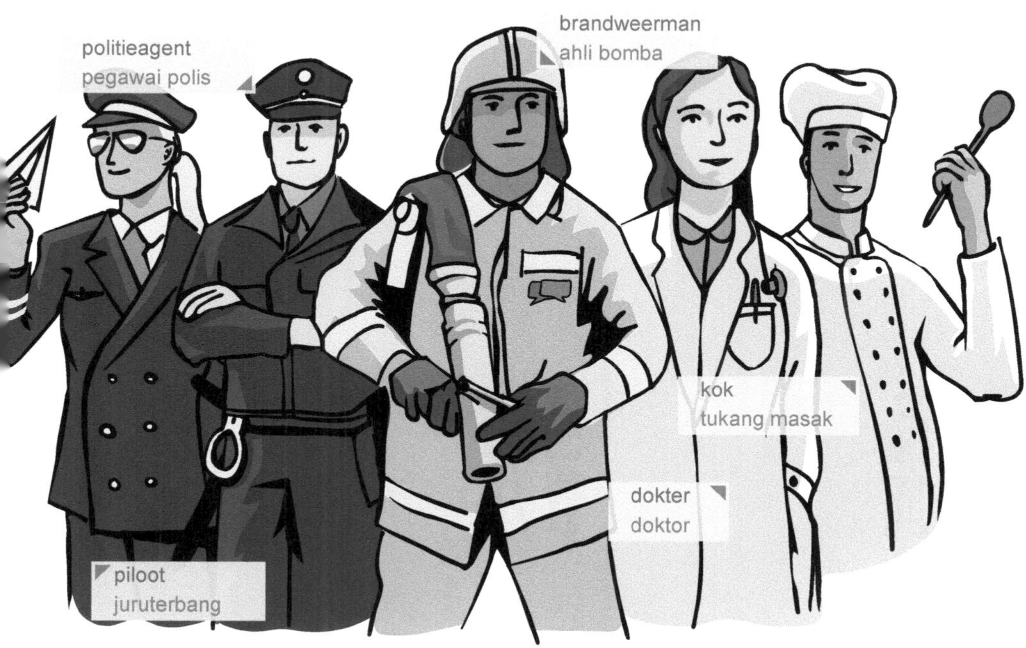
politieagent
pegawai polis
brandweerman
ahli bomba
kok
tukang masak
dokter
doktor
piloot
juruterbang

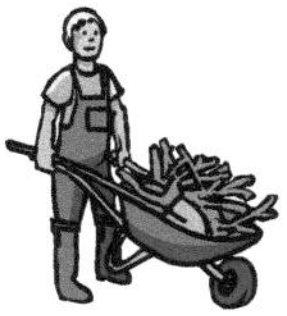

tuinman

tukang kebun

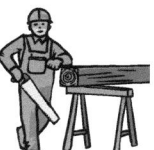

timmerman

tukang kayu

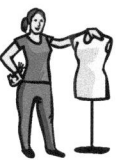

naaister

tukang jahit

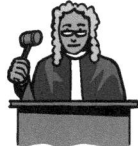

rechter

hakim

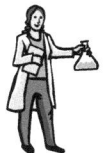

chemicus

ahli kimia

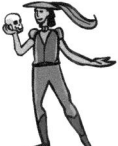

acteur

pelakon

buschauffeur

pemandu bas

taxichauffeur

pemandu teksi

visser

nelayan

schoonmaakster

wanita pencuci

dakdekker

kasau

ober

pelayan

jager

pemburu

schilder

pelukis

bakker

bakeri

elektricien

juruelektrik

bouwvakker

pembangun

ingenieur

jurutera

slager

penjual daging

loodgieter

tukang paip

postbode

posmen

soldaat

askar

architect

arkitek

kassier

juruwang

bloemist

kedai bunga

kapper

pendandan rambut

conducteur

konduktor

mecanicien

mekanik

kapitein

kapten

tandarts

doktor gigi

wetenschapper

ahli sains

rabbijn

tuhanku

imam

imam

monnik

sami

geestelijke

paderi

werktuigen

alat

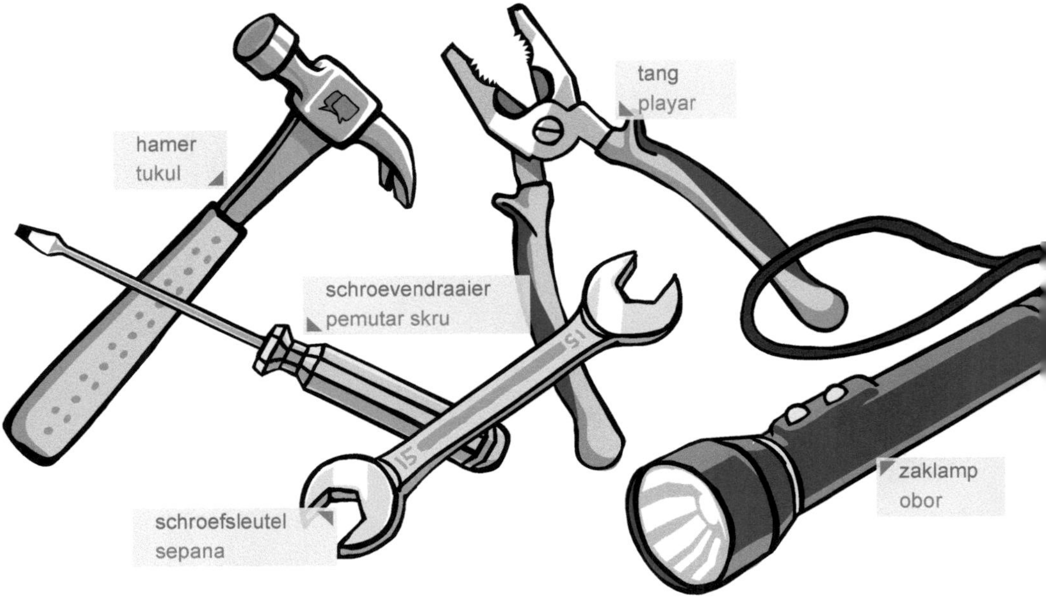
hamer
tukul
tang
playar
schroevendraaier
pemutar skru
schroefsleutel
sepana
zaklamp
obor

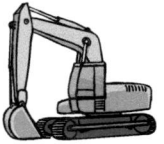

graafmachine

pengorek

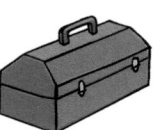

gereedschapskoffer

kotak peralatan

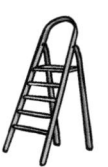

ladder

tangga

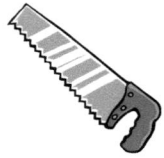

zaag

gergaji

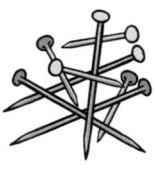

spijkers

kuku

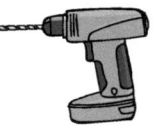

boormachine

gerudi

repareren

baiki

schop

penyodok

Verdomme!

Celaka!

blik

penadah sampah

verfpot

periuk cat

schroeven

skru

muziekinstrumenten
alat muzik

luidspreker
pembesar suara

drumstel
perangkat dram

gitaar
gitar

contrabas
bass berganda

trompet
trompet

piano

piano

viool

biola

basgitaar

bass

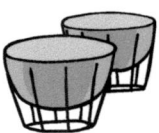

pauk

timpani

trommels

dram

keyboard

papan kekunci

saxofoon

saksofon

fluit

seruling

microfoon

mikrofon

ZOO

ZOO

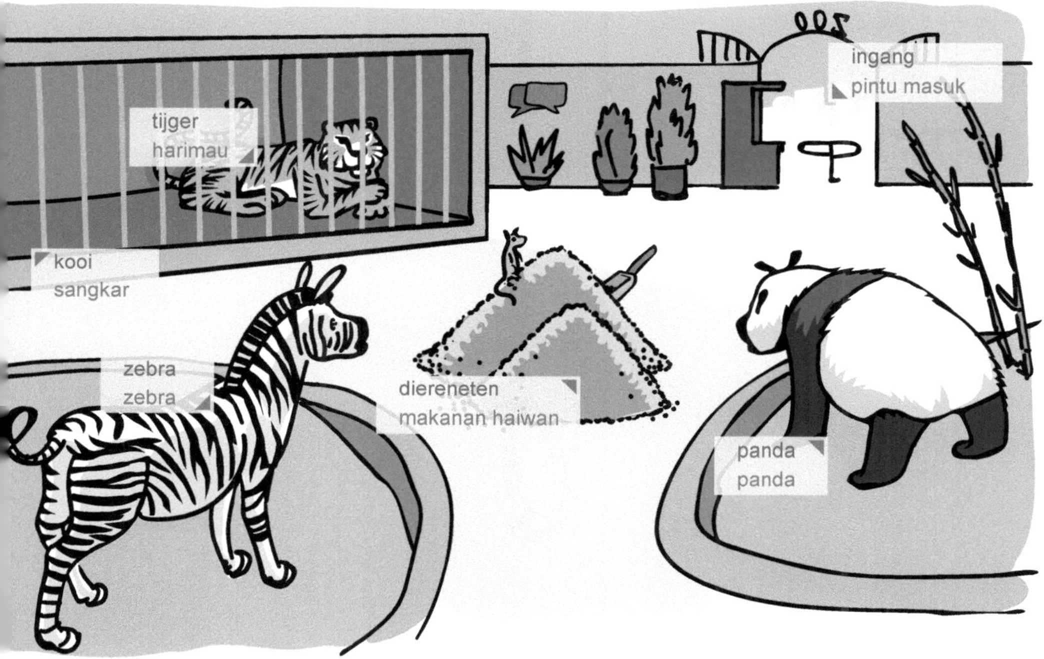
tijger
harimau
kooi
sangkar
ingang
pintu masuk
zebra
zebra
dierenten
makanan haiwan
panda
panda

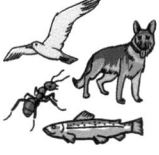

dieren

haiwan

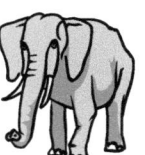

olifant

gajah

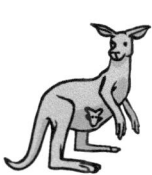

kangoeroe

kanggaru

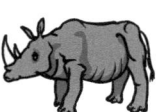

neushoorn

badak sumbu

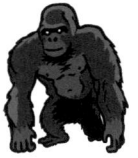

gorilla

gorila

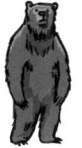

beer

beruang

kameel

unta

struisvogel

burung unta

leeuw

singa

aap

monyet

flamingo

flamingo

papegaai

nuri

ijsbeer

beruang kutub

pinguïn

penguin

haai

yu

pauw

merak

slang

ular

krokodil

buaya

dierenverzorger

penjaga zoo

zeehond

anjing laut

jaguar

jaguar

pony
kuda

luipaard
harimau

nijlpaard
badak air

giraffe
zirafah

adelaar
helang

wild zwijn
babi jantan

vis
ikan

zeeschildpad
penyu

walrus
anjing laut

vos
musang

gazelle
rusa

rugby
bola sepak Amerika

wielrennen
berbasikal

tennis
tenis

basketbal
bola keranjang

zwemmen
renang

boksen
tinju

ijshockey
hoki ais

voetbal
bola sepak

badminton
badminton

atletiek
olahraga

handbal
bola baling

skiën
ski

polo
polo

activiteiten
aktiviti

lachen
ketawa
springen
lompat
knuffelen
peluk
wandelen
berjalan
zingen
menyanyi
dromen
mimpi
bidden
berdoa
kussen
cium

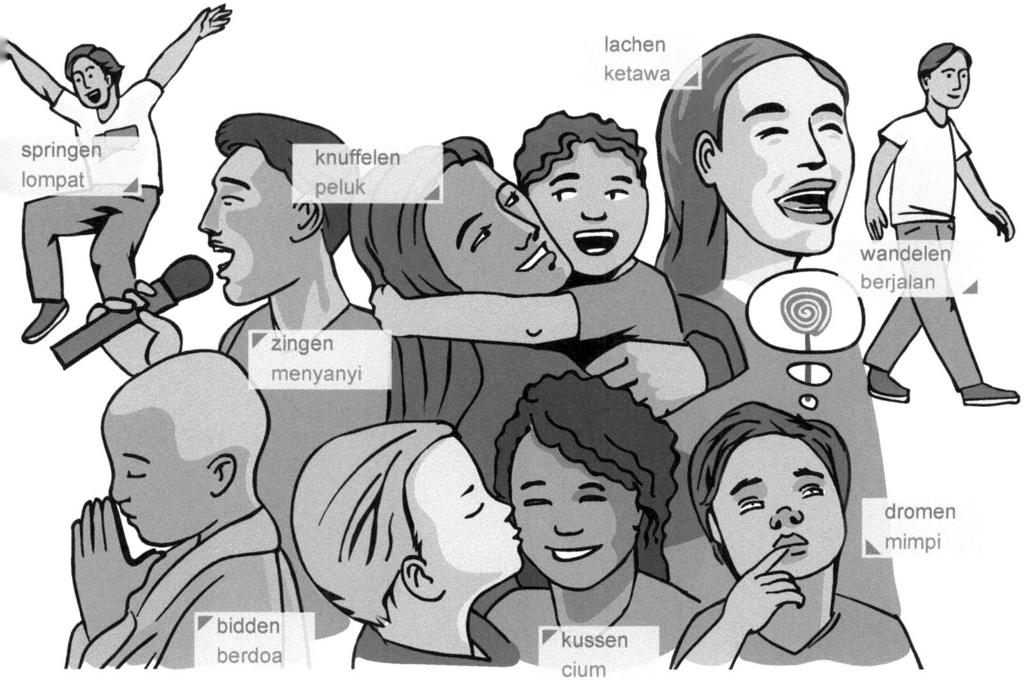

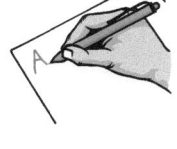

schrijven
tulis

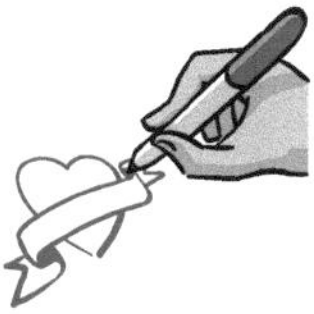

tekenen
lukis

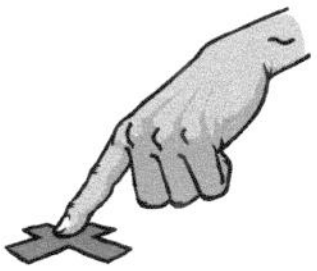

tonen
tunjuk

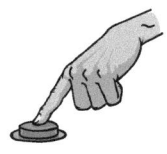

duwen
tolak

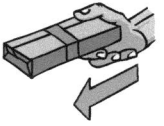

geven
beri

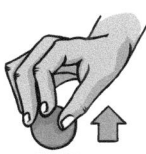

nemen
ambil

hebben

ada

doen

buat

zijn

ialah

staan

berdiri

lopen

lari

trekken

tarik

gooien

buang

vallen

jatuh

liggen

tipu

wachten

tunggu

dragen

bawa

zitten

duduk

aankleden

pakai

slapen

tidur

ontwaken

bangkit

kijken naar

lihat pada

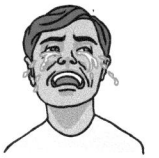

wenen

menangis

aaien

strok

kammen

sikat

praten

cakap

begrijpen

faham

vragen

tanya

luisteren

dengar

drinken

minum

eten

makan

opruimen

mengemas

houden van

sayang

koken

masak

rijden

pandu

vliegen

terbang

zeilen

belayar

rekenen

kira

Lezen

baca

leren

belajar

werken

kerja

trouwen

nikah

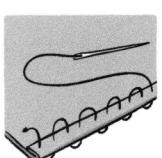

naaien

jahit

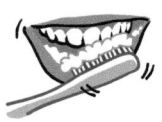

tandenpoetsen

memberus gigi

doden

bunuh

roken

asap

sturen

hantar

familie
keluarga

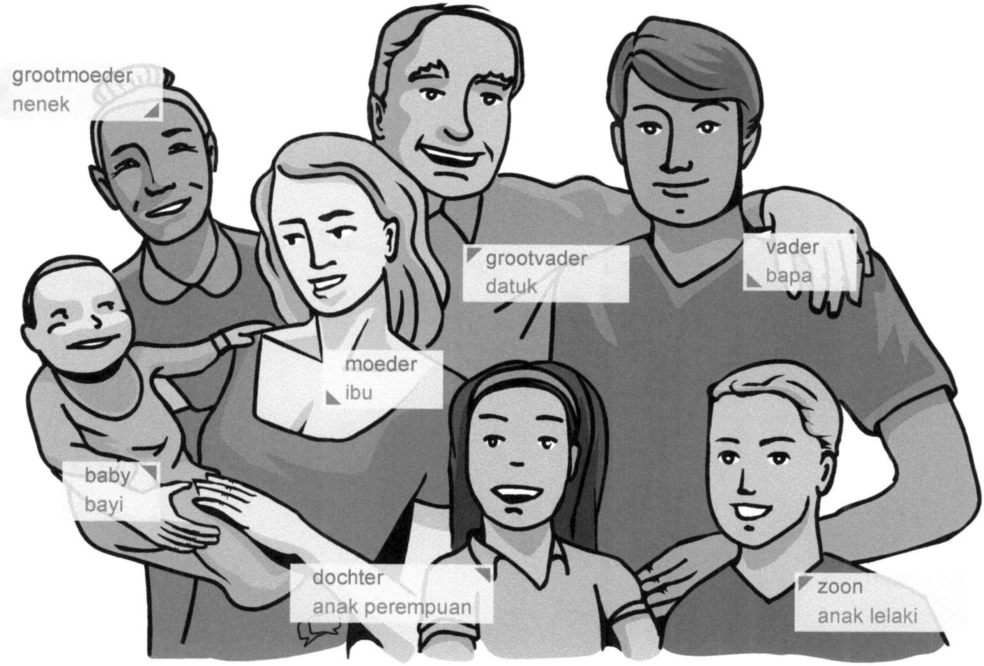
grootmoeder
nenek
grootvader
datuk
vader
bapa
moeder
ibu
baby
bayi
dochter
anak perempuan
zoon
anak lelaki

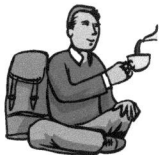

gast
tetamu

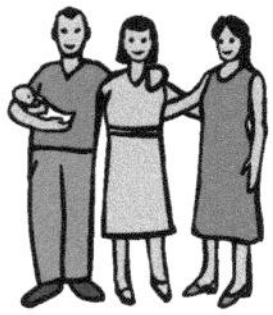

tante
mak cik

oom
pak cik

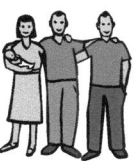

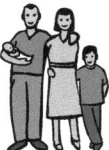

broer
abang

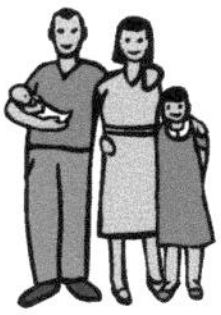

zus
kakak

lichaam
badan

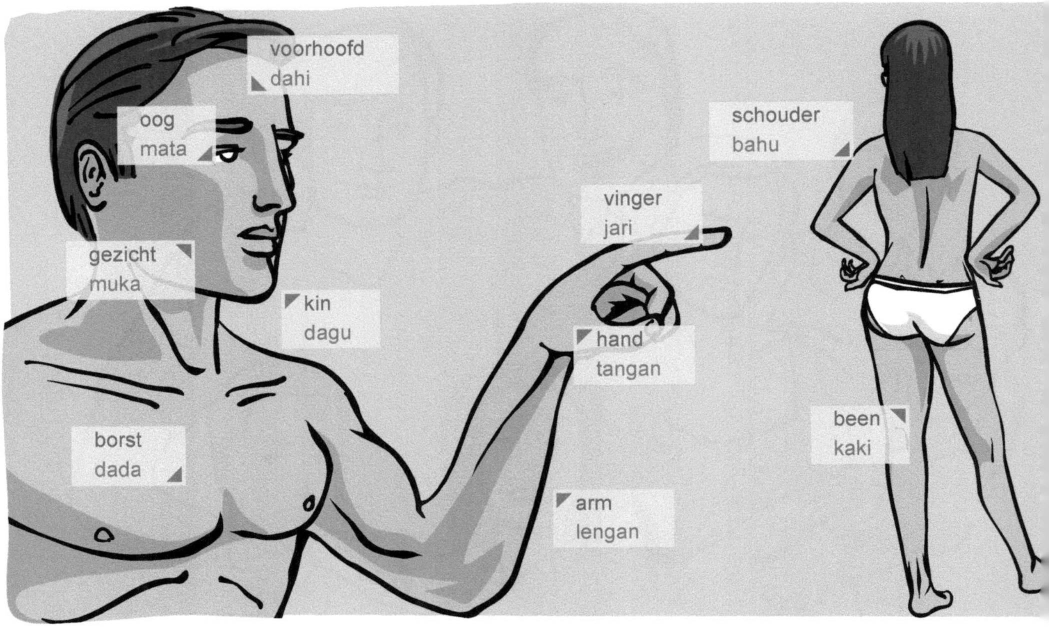

voorhoofd
dahi

oog
mata

schouder
bahu

vinger
jari

gezicht
muka

kin
dagu

hand
tangan

borst
dada

been
kaki

arm
lengan

baby
bayi

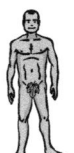

man
lelaki

vrouw
wanita

meisje
perempuan

jongen
lelaki

hoofd
kepala

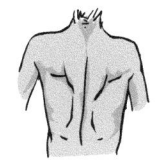

rug
belakang

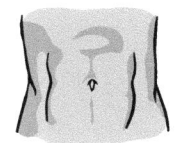

buik
bawah perut

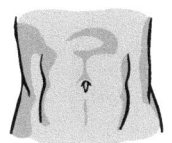

navel
pusat

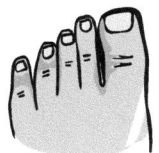

teen
jari kaki

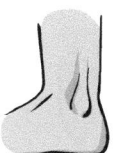

hiel
tumit

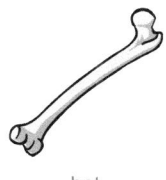

bot
tulang

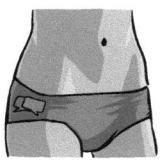

heup
pinggul

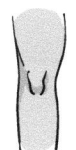

knie
lutut

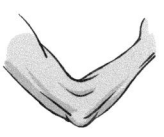

elleboog
siku

neus
hidung

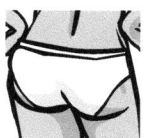

zitvlak
bawah

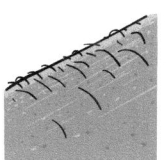

huid
kulit

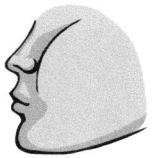

wang
pipi

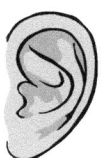

oor
telinga

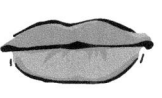

lip
bibir

lichaam - badan

mond
....
mulut

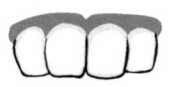

tand
....
gigi

tong
....
lidah

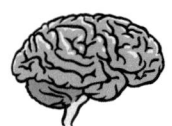

hersenen
....
otak

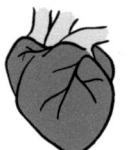

hart
....
hati

spier
....
otot

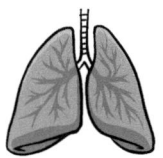

long
....
paru-paru

lever
....
hati

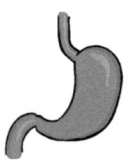

maag
....
perut

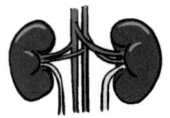

nieren
....
buah pinggang

seks
....
seks

condoom
....
kondom

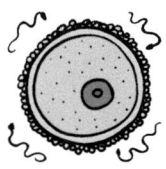

eicel
....
faraj

sperma
....
mani

zwangerschap
....
mengandung

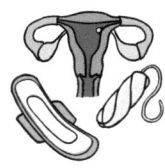

menstruatie
haid

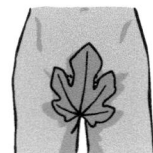

vagina
faraj

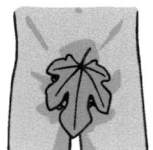

penis
penis

wenkbrauw
kening

haar
rambut

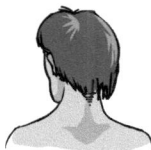

nek
leher

ziekenhuis
hospital

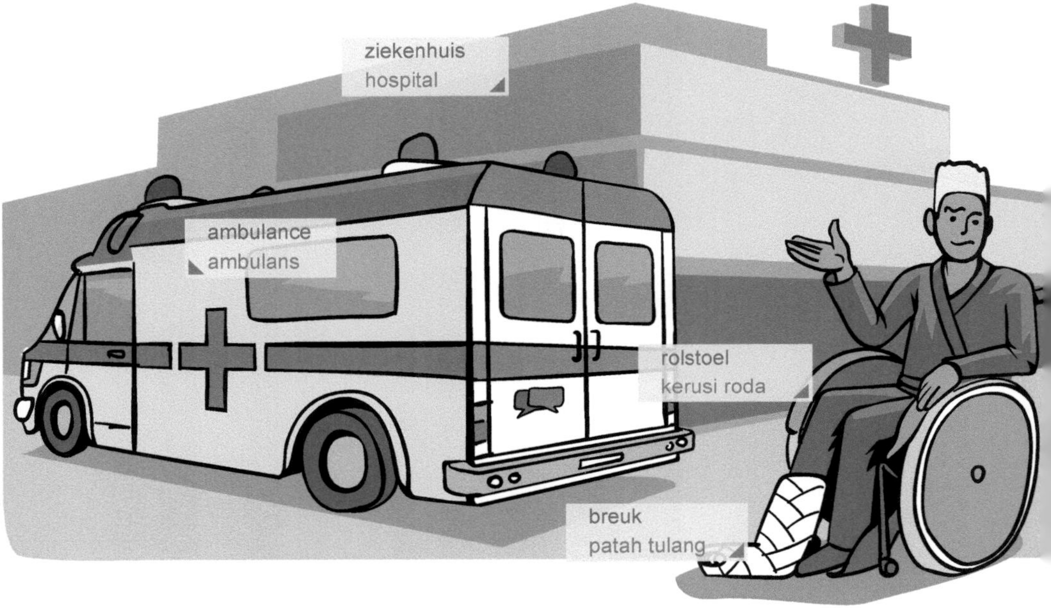

ziekenhuis
hospital

ambulance
ambulans

rolstoel
kerusi roda

breuk
patah tulang

dokter
doktor

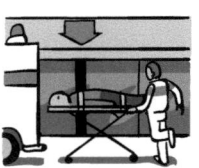

spoed
bilik kecemasan

verpleegkundige
jururawat

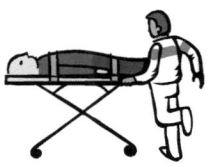

noodgeval
kecemasan

bewusteloos
tak sedar

pijn
sakit

verwonding

kecederaan

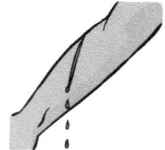

bloeding

pendarahan

hartaanval

serangan jantung

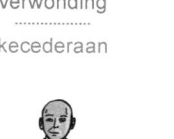

beroerte

strok

allergie

alergi

hoest

batuk

koorts

demam

griep

selesema

diarree

cirit-birit

hoofdpijn

sakit kepala

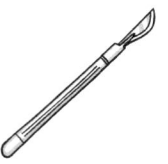

kanker

kanser

diabetes

diabetes

chirurg

pakar bedah

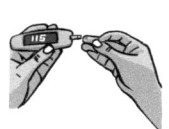

scalpel

pisau bedah

operatie

pembedahan

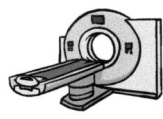

CT

CT

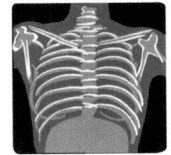

röntgenstraal

x-ray

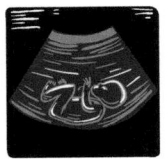

ultrageluid

ultrabunyi

gezichtsmasker

topeng muka

ziekte

penyakit

wachtkamer

bilik menunggu

kruk

penongkat

pleister

plaster

verband

pembalut

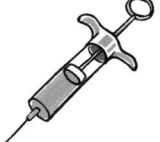

injectie

suntikan

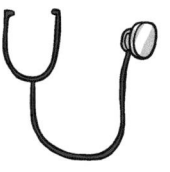

stethoscoop

stetoskop

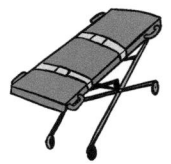

brancard

pengusung

thermometer

termometer klinik

geboorte

kelahiran

overgewicht

berat badan berlebihan

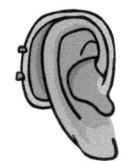

hoorapparaat

alat pendengaran

ontsmettingsmiddel

disinfektan

infectie

jangkitan

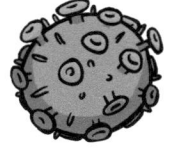

virus

virus

HIV / AIDS

HIV / AIDS

medicijn

perubatan

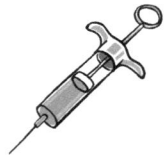

vaccinatie

vaksinasi

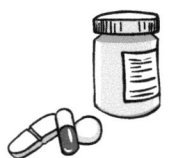

tabletten

tablet

pil

pil

noodoproep

panggilan kecemasan

bloeddrukmeter

pantau tekanan darah

ziek / gezond

sakit / sihat

Help!

Tolong!

alarm

penggera

overval

serang

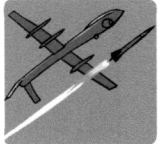

aanval

serangan

gevaar

bahaya

nooduitgang

pintu kecemasan

Brand!

Api!

brandblusser

alat pemadam api

ongeval

kemalangan

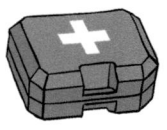

EHBO-kit

alat pertolongan cemas

SOS

SOS

politie

polis

Europa

Eropah

Noord-Amerika

Amerika Utara

Zuid-Amerika

Amerika Selatan

Afrika

Afrika

Azië

Asia

Australië

Australia

Atlantische Oceaan

Atlantic

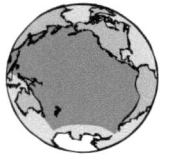

Stille Oceaan

Pasifik

Indische Oceaan

Lautan Hindi

Antarctische Oceaan

Lautan Antartik

Arctische Oceaan

Lautan Artik

Noordpool

Kutub utara

Zuidpool

Kutub Selatan

Antarctica

Antartika

aarde

bumi

land

tanah

zee

laut

eiland

pulau

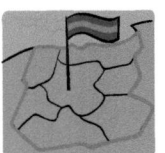

natie

negara

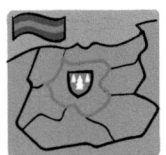

staat

negeri

wijzerplaat

muka jam

uurwijzer

tangan jam

minuutwijzer

tangan minit

secondewijzer

terpakai

Hoe laat is het?

Jam berapa sekarang

dag

hari

tijd

masa

nu

sekarang

digitale horloge

jam digital

minuut

minit

uur

jam

week

minggu

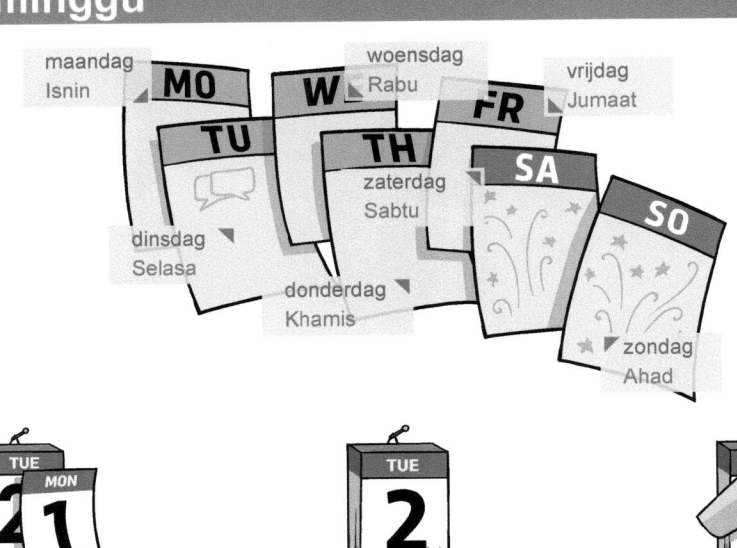

maandag — Isnin
MO

woensdag — Rabu
W

vrijdag — Jumaat
FR

TU

TH

SA

dinsdag — Selasa

zaterdag — Sabtu

SO

donderdag — Khamis

zondag — Ahad

gisteren
....
semalam

vandaag
....
hari ini

morgen
....
esok

ochtend
....
pagi

middag
....
tengah hari

avond
....
petang

MO	TU	WE	TH	FR	SA	SU
1	2	3	4	5	6	7
8	9	10	11	12	13	14
15	16	17	18	19	20	21
22	23	24	25	26	27	28
29	30	31	1	2	3	4

werkdagen
....
hari kerja

MO	TU	WE	TH	FR	SA	SU
1	2	3	4	5	6	7
8	9	10	11	12	13	14
15	16	17	18	19	20	21
22	23	24	25	26	27	28
29	30	31	1	2	3	4

weekend
....
hari minggu

jaar
tahun

regen
hujan
regenboog
pelangi
wind
angin
sneeuw
salji
lente
musim bunga
herfst
musim luruh
zomer
musim panas
winter
musim salji

4.APRIL 11°
5.APRIL 4°
6.APRIL 13°
7.APRIL 8°
8.APRIL 10°

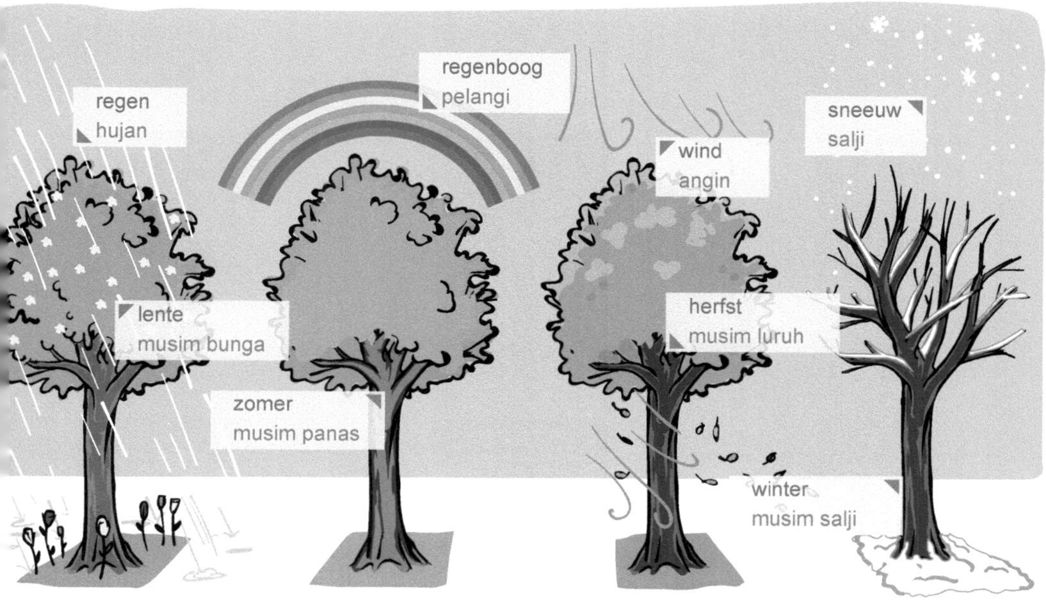

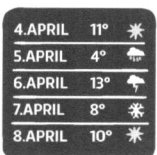

weervoorspelling

ramalan cuaca

F
C
120
90
60
30
0
-30
40
30
20
10
0
-10
-20

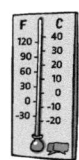

thermometer

termometer

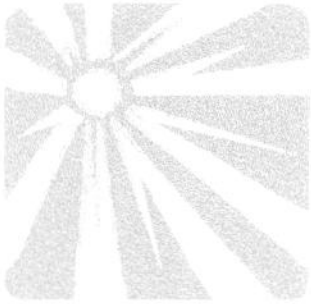

zonneschijn

sinar matahari

wolk

awan

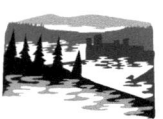

mist

kabus

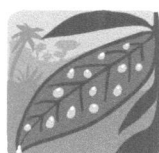

vochtigheid

lembapan

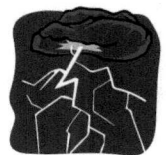

bliksem

kilat

donder

petir

storm

ribut

hagel

hujan batu

moesson

monsun

overstroming

banjir

ijs

ais

januari

Januari

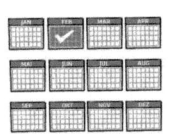

februari

Februari

maart

Mac

april

April

mei

Mei

juni

Jun

juli

Julai

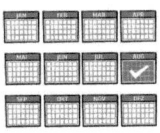

augustus

Ogos

september
September

oktober
Oktober

november
November

december
Disember

vormen
bentuk

cirkel
bulatan

kwadraat
petak

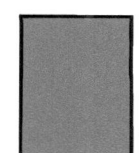

rechthoek
segi empat tepat

driehoek
segitiga

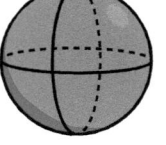

bol
sfera

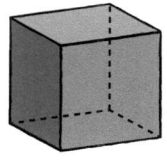

kubus
kiub

wit
....
putih

geel
....
kuning

oranje
....
oren

roze
....
merah jambu

rood
....
merah

paars
....
ungu

blauw
....
biru

groen
....
hijau

bruin
....
coklat

grijs
....
kelabu

zwart
....
hitam

veel / weinig

banyak / sedikit

boos / kalm

marah / tenang

mooi / lelijk

cantik / hodoh

begin / einde

bermula / tamat

groot / klein

besar kecil

licht / donker

terang / gelap

broer / zus

abang / kakak

proper / vuil

bersih / kotor

volledig / onvolledig

lengkap / tidak lengkap

dag / nacht

hari / malam

dood / levend

mati / hidup

breed / smal

luas / sempit

eetbaar / oneetbaar

boleh dimakan / tidak boleh
dimakan

kwaadaardig / vriendelijk

jahat / baik

opgewonden / verveeld

teruja / bosan

dik / dun

gemuk / kurus

eerst / laatst

pertama / terakhir

vriend / vijand

kawan / musuh

vol / leeg

penuh / kosong

hard / zacht

keras / lembut

zwaar / licht

berat / ringan

honger / dorst

lapar / dahaga

ziek / gezond

sakit / sihat

illegaal / legaal

menyalahi undang-undang /
undang-undang

intelligent / dom

pintar / bodoh

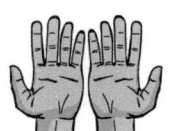

links / rechts

kiri / kanan

dichtbij / veraf

dekat / jauh

nieuw / gebruikt

baru / lama

niets / iets

tiada / sesuatu

oud / jong

tua / muda

aan / uit

hidup / mati

open / dicht

terbuka / tertutup

stil / luid

diam / bising

rijk / arm

kaya / miskin

juist / fout

betul / salah

ruw / glad

kasar / halus

droevig / blij

sedih / gembira

kort / lang

pendek / panjang

traag / snel

lambat / laju

nat / droog

basah / kering

warm / koud

panas / sejuk

oorlog / vrede

berperang / berdamai

0

nul

sifar

1

één

satu

2

twee

dua

3

drie

tiga

4

vier

empat

5

vijf

lima

6

zes

enam

7

zeven

tujuh

8

acht

lapan

9

negen

sembilan

10

tien

sepuluh

11

elf

sebelas

12

twaalf

dua belas

13

dertien

tiga belas

14

veertien

empat belas

15

vijftien

lima belas

16

zestien

enam belas

17

zeventien

tujuh belas

18

achtien

lapan belas

19

negentien

Sembilan belas

20

twintig

dua puluh

100

honderd

ratus

1.000

duizend

ribu

1.000.000

miljoen

juta

Engels

Bahasa Inggeris

Amerikaans Engels

Bahasa Inggeris Amerika

Chinees (Mandarijn)

Bahasa Cina Mandarin

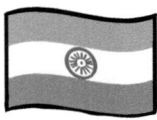

Hindi

Bahasa Hindi

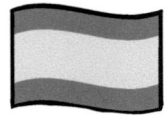

Spaans

Bahasa Sepanyol

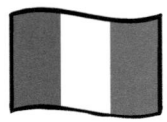

Frans

Bahasa Perancis

Arabisch

Bahasa Arab

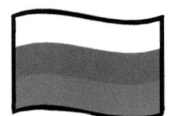

Russisch

Bahasa Rusia

Portugees

Bahasa Portugis

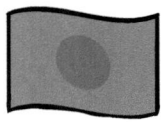

Bengali

Bahasa Benggali

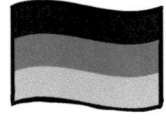

Duits

Bahasa Jerman

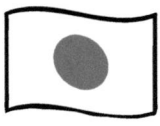

Japans

Bahasa Jepun

ik

saya

u

anda

hij / zij / het

dia / dia / ia

wij

kita

u

anda

ze

mereka

wie?

siapa?

wat?

apa?

hoe?

bagaimana?

waar?

di mana?

wanneer?

bila?

naam

nama

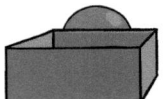

achter

belakang

in

dalam

voor

di hadapan

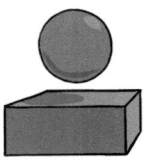

boven

lebih

op

pada

onder

di bawah

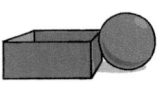

naast

bersebelahan

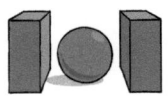

tussen

antara

plaats

tempat